# DE LA TRISTE SITUATION

# DE L'IMPRIMERIE

## départementale

ET DES MOYENS DE REMÉDIER A SA DÉCADENCE.

# DE LA TRISTE SITUATION

## DE

# L'IMPRIMERIE

## DÉPARTEMENTALE

### ET DES MOYENS DE REMÉDIER A SA DÉCADENCE,

### Par Constant MOISAND,

Imprimeur à Beauvais.

## BEAUVAIS,

### IMPRIMERIE DE C. MOISAND, RUE DES FLAGEOTS.

### JUILLET 1849.

1849

# DE LA TRISTE SITUATION

# DE L'IMPRIMERIE DÉPARTEMENTALE

## ET DES MOYENS

### de remédier à sa décadence.

❖✠❖

Je n'ai pas l'intention d'écrire une histoire de l'imprimerie : le but que je me propose est de dépeindre l'état déplorable dans lequel se trouve aujourd'hui la profession d'imprimeur.

Le gouvernement du roi Louis-Philippe, au temps du républicanisme de sa monarchie, voulut d'abord étendre la liberté de la presse; puis, jugeant qu'il commettait une faute à son préjudice, il essaya de la restreindre par des lois répressives. La liberté a engendré la licence, comme cela arrive toujours, et la répression a vu la résistance organiser contre elle ses bataillons.

Le gouvernement de juillet avait besoin pour se maintenir dans l'opinion publique de s'attacher la majeure partie de la presse. A Paris, il acheta et il créa des journaux, sans oser pourtant augmenter le nombre des imprimeries ; en province, il y mit moins de réserves, et pour peu qu'un homme quelconque fût disposé à le soutenir, un brevet était bien vite accordé à ce partisan intéressé. L'aspirant au titre d'imprimeur avait-il l'aptitude convenable pour cette profession? Peu importait aux hommes chargés de lui délivrer son brevet : un certificat de moralité, un acte de naissance suffisaient. L'administration était bien en droit d'exiger un certificat CONSTATANT LA CAPACITÉ, signé par un, deux, trois, quatre imprimeurs; mais, elle n'y regardait pas de si près, et un brevet de plus ou de moins, pour elle ce n'était pas une affaire.

Cependant un brevet d'imprimeur est une propriété. « Lorsqu'un brevet a été retiré, dit M. de Grattier, t. I<sup>er</sup>, page 43, l'administration, par un sentiment d'équité, a exigé le plus souvent du nouveau titulaire, une indemnité en faveur de l'ancien. Cette indemnité est motivée sur la moins-value du matériel réduit à une valeur presque imaginaire par le retrait du brevet. » En accordant un nouveau brevet d'imprimeur *sans nécessité absolue*, on porte donc atteinte à la propriété. Cela est si exactement vrai ; cela est si bien reconnu en principe par l'adminis-

tration elle-même, qu'une circulaire mi-
nistérielle, du 16 juin 1830, dispose que,
si un imprimeur est décédé, la famille
pourra continuer l'exploitation de l'établissement jusqu'à son remplacement.
Quand un imprimeur fait faillite, ce qui
arrive malheureusement trop souvent
par le temps qui court, l'administration
tolère que le brevet soit vendu au profit
des créanciers : c'est donc qu'elle recon-
naît que le brevet est une propriété.

Le gouvernement de Juillet en accordant tous les jours de nouveaux brevets
sans aucun discernement, ne ruinait pas
seulement l'imprimerie, mais il donnait,
comme on dit, *des verges pour se faire
fouetter.*

Nous ne tarderons pas à prouver que
depuis vingt ans l'imprimerie départe-
mentale est misérable et déconsidérée ;

mais, auparavant, il importe que nous disions pourquoi le gouvernement se nuisait à lui-même en multipliant les brevets.

Plus il y avait d'imprimeurs dans les départements, plus la concurrence était grande par conséquent. Les imprimeurs, déjà très-maltraités par la lithographie qui leur enlevait tous les ouvrages de ville ( ouvrages appelés en terme technique *bilboquets* ), et ne pouvant pas lutter contre certains accapareurs de Paris dont nous aurons aussi à parler, se voyaient obligés, pour occuper sur place leurs ouvriers et leur lourd matériel, de créer des journaux, et quels journaux le plus souvent!...

Visant à l'économie, les imprimeurs placés sur de petits théâtres, ne prenaient pas toujours de rédacteurs; ils s'en tiraient

1.

comme ils pouvaient : delà, les mauvais journaux, la mauvaise politique, la division dans les plus petites localités. Un nouveau titulaire avait besoin de se faire une clientèle. Il flattait d'abord le gouvernement et tout ce qui émanait du gouvernement ou s'y rattachait; puis, si cette marche ne lui était pas profitable, il prenait la marche contraire, et il brûlait ce qu'il avait adoré. C'est là l'histoire de bien des imprimeurs de province.

Le gouvernement de Juillet ne pouvait donc s'en prendre qu'à lui de l'opposition qui lui était faite par la presse ; il l'avait organisée, encouragée, du moins en province, en ruinant les imprimeurs, et en les forçant à fonder des journaux.

A Paris, il y a quatre-vingts imprimeries. Ce ne serait pas trop, s'il n'y avait pas par-dessus une imprimerie nationale et

un nombre considérable de lithogra—
phies.

Je sais bien que l'imprimerie nationale
occupe beaucoup d'ouvriers, et qu'elle
a contribué à faire arriver l'art qu'elle
pratique à l'apogée de sa gloire; mais, si
elle n'existait pas avec les conditions
exorbitantes qu'on lui a peu à peu attri-
buées, est-ce que les ministères, les
grandes administrations de Paris ne pourraient pas choisir chacun leur imprimerie, où les fournitures reviendraient à
l'Etat à un taux moins élevé tout en étant
aussi bien confectionnées? Est-ce qu'alors
les ouvriers attachés à l'imprimerie nationale, en plus grand nombre que ne
l'exigerait la marche régulière de cet établissement, ne trouveraient pas à se pla-
cer à leur convenance dans les établissements privés qui auraient les fournitures du gouvernement?

L'imprimerie nationale avait sa raison d'être quand elle fut fondée (et si l'on s'en tenait à ses réglements organiques, elle l'aurait encore parfaitement). Alors, on voulait une imprimerie *modèle*, une imprimerie où l'on s'étudiât, aux frais de l'État, à perfectionner les types, à soigner les éditions et tous les travaux hors ligne. C'était de l'*imprimerie royale* que sortaient les chefs-d'œuvre de typographie, quand ils ne sortaient pas des ateliers des Anisson, des Barbou et des Pierre Didot. Maintenant, le tiers des imprimeurs de Paris, et beaucoup d'imprimeurs de province, feraient mieux qu'on ne fait à l'imprimerie nationale quand on y entreprend la besogne courante, et même bien des publications de luxe.

Personne plus que moi ne déteste les grands accapareurs de travaux, ces im-

primeurs de Paris qui ruinent leurs confrères de province en les empêchant de
travailler ; mais je sais au moins leur
rendre cette justice qu'ils impriment
aussi bien qu'on imprime habituellement
à l'imprimerie nationale ; que s'ils étaient
assez payés pour avoir souvent des fontes
neuves et pour employer de magnifiques
papiers vergés, ils surpasseraient l'imprimerie nationale sous le rapport de l'exécution comme ils la surpassent sous celui
du bon marché.

A mon sens, et au sens de tous les
imprimeurs de bonne foi, l'imprimerie
nationale est un établissement devenu
ruineux pour l'Etat et pour les imprimeurs de Paris. Je sais bien qu'on y fait
tous les jours des expériences ; mais, en
définitive, elles n'aboutissent plus à grand
chose, et si elles ont quelquefois de l'uti-
lité, pourquoi ne pas laisser l'imprime-

rie nationale un établissement d'expériences seulement, tout en remettant les
nombreux travaux d'administration qui
s'y exécutent aux soins des imprimeurs
de Paris?

Si l'imprimerie nationale n'existait plus
telle qu'elle est, le bien-être reviendrait
bientôt dans la majeure partie des imprimeries de Paris. Peut-être alors ne verrait-
on plus les Paul Dupont, les Chaix et les
Moëssart se jeter comme des oiseaux de
proie sur les travaux administratifs de
la province. Suffisamment occupés chez
eux, ces généreux confrères des imprimeurs de province n'enverraient peut-
être plus alors leurs commis-voyageurs et
leurs tarifs à tous les chefs d'administration, et n'enlèveraient peut-être plus les
recettes les plus claires et les plus avan-
tageuses du travail départemental. Mais
le système de la concentration, mis à

l'ordre du jour par le gouvernement de Juillet, paraît être demeuré en grande faveur sous la République. Un arrêt de la Cour de cassation du 15 mai 1823 porte que les brevets ne peuvent *être exploités* que dans les villes qui y sont spécifiées. Or, vous, Messieurs les accapareurs, vous avez obtenu des brevets pour être exploités à Paris, de quel droit venez-vous, dans nos provinces, nous enlever nos travaux, pourquoi le gouvernement souffre-t-il que les chefs d'administration fassent imprimer à Paris quand ils ont des imprimeurs à leurs portes ?

Ne croyez pas, Messieurs les accapareurs, qu'il s'agisse ici d'un intérêt personnel. Je ne redoute pas votre concurrence, Dieu merci ; mais je sais d'honorables confrères que vous avez dépossédés, ruinés, et je soutiens qu'un préfet, qu'un receveur général, qu'un chef d'administration quelconque, qui fait imprimer dans vos ateliers, dût-il y trouver son compte, commet une injustice, et s'expose à voir les presses de sa localité au service des ennemis du gouvernement et de son administration.

Il est vrai que souvent un chef d'administration est bien obligé d'avoir à faire à Messieurs les accapareurs ; car, c'est à eux seuls que certains employés des ministères qui passent pour être intéressés dans leurs imprimeries, consentent à remettre les modèles, modèles qu'ils ont soin de changer chaque fois qu'ils en trouvent l'occasion.

Vous avez un brevet d'imprimeur, Messieurs les accapareurs, et vous avez dix, vingt, trente, cinquante associés. Vous faites de la besogne pour dix, vingt, trente, cinquante imprimeries, et vous avez des capitaux en conséquence. Vos grandes mécaniques, vos clichés coupent les bras aux ouvriers, et pourvoient à tous les besoins. Enfin, vous avez le monopole de l'imprimerie à trois ou quatre; vous n'y gagnez rien, il est vrai, mais vous empêchez les autres de vivre; le Gouvernement, lui, y gagne de mauvais journaux et de méchants livres que font vos confrères pour essayer de lutter contre la misère : tout cela n'est-il pas l'exacte vérité!...

Sans doute, les accapareurs ne peuvent pas tout accaparer. Il reste encore dans les provinces un certain nombre de travaux sur lesquels ils ne sauraient mettre la main. Mais, pour vivre de cette chétive pitance et de ces maigres productions, les imprimeurs se disputent les parts et se font une concurrence acharnée; ils soumissionnent les travaux les uns des

autres. Si, par rencontre, ils obtiennent
des impressions sans adjudication, l'imprimerie nationale est là qui, sans s'in-
quiéter de leurs souffrances et de leur si-
tituation, leur rogne les ongles, comme
s'ils étaient des voleurs, ni plus ni moins.

Si vous présentez un mémoire de travaux que vous n'exécutez pas ordinairement, et pour lesquels il n'y a pas de prix
*convenus, arrétés,* il arrive souvent qu'un
fonctionnaire, usant de son droit, envoie
le mémoire à la vérification de l'imprimerie nationale.

Un mémoire au-dessous de cent francs
est quelquefois adressé à la vérification,
mais il est rarement vérifié. Il revient
donc le plus souvent comme il est parti,
et l'imprimeur reçoit intégralement ce
qu'il a demandé. Mais un mémoire au-
dessus de cent francs éveille l'attention de

M. le vérificateur. Quand on n'a pas eu le soin de se mettre bien dans son esprit, il se donne la peine de le lire, de tailler sa plume, de la tremper dans l'encre rouge, de faire, en marge du mémoire, de charmantes petites accolades, d'aligner, en regard des chiffres que vous avez posés, d'autres chiffres qui ne sont jamais plus forts, mais toujours plus faibles que les vôtres. Vous êtes établi en province ; vous n'avez pas les mêmes moyens d'exécution qu'à Paris, quoique vous payez vos ouvriers aussi cher que dans la grande ville ; vous êtes obligé d'avoir des magasins de papiers ; n'importe, vous devez imprimer à 20 et à 25 p. % au-dessous des prix de Paris : M. le vérificateur de l'imprimerie nationale le veut ainsi. Il a mis au bas de votre mémoire : *Arrêté le présent mémoire à la somme de...* il a signé ; son directeur a signé après lui et de confiance, et tout est dit. Vous n'avez

pas le droit de faire une observation!...
Son jugement est sans appel!... On n'a-
git pas autrement à l'égard des maçons,
des ouvriers en bâtiments ; mais quelle
différence y a-t-il entre un imprimeur et
un ouvrier en bâtiment? je n'en vois
qu'une seule. C'est que l'imprimeur,
quand il ne se ruine pas, n'amasse jamais
une très-grande fortune, tandis que l'ouvrier en bâtiment devient presque toujours riche. Il est vrai que ses mémoires,
à lui, sont vérifiés par des architectes qui
connaissent généralement leur état, tandis que ceux du malheureux imprimeur
le sont par M. le vérificateur de l'imprimerie nationale qui ne me paraît pas
connaître parfaitement le sien!...

Que reste-il donc aux imprimeurs de
province, puisqu'ils n'ont plus guère de
travaux d'administration, et que la concurrence, ainsi que l'intelligente censure

de l'imprimerie nationale, leur enlèvent le peu de bénéfices qu'ils pourraient faire avec ceux qui leur sont encore confiés?

Il leur reste les journaux, les annonces, les affiches, les livres liturgiques et classiques du diocèse dans la circonscription duquel ils se trouvent, le droit enfin d'imprimer pour les libraires de Paris s'ils veulent travailler au prix de revient et s'exposer à ne pas être payés la plupart du temps. Un journal rapporte plus ou moins suivant qu'il a plus ou moins d'abonnés ou d'annonces. La loi du 2 juin 1841, qui voulait que le droit de publier les annonces judiciaires appartînt exclusivement aux journaux désignés par les cours et les tribunaux, n'existe plus, Dieu merci ! le gouvernement provisoire de la République, qui n'a pas fait grand chose de bien, a eu raison d'abroger cette loi. Tous les journaux peuvent donc

recevoir maintenant des annonces : s'ils
n'en reçoivent pas tous , c'est qu'ils n'ont
pas tous un nombre égal d'abonnés, et
que, par un reste d'habitude, MM. les of-
ficiers ministériels s'adressent encore aux
anciens journaux désignés par les cours
et les tribunaux; mais, peu à peu , ils par-
tageront leurs insertions entre les divers
journaux de leurs localités, et ils ne tar-
deront pas à reconnaître qu'il est de leur
intérêt de soutenir une concurrence utile,
indispensable, et qu'en la soutenant, ils
ne sont plus à la disposition et à la merci
d'un seul imprimeur.

Le succès d'un journal dépend beaucoup de la manière dont il est rédigé. Un
imprimeur qui est trop occupé , ou qui
ne se sent pas toutes les connaissances né-
cessaires pour faire son journal , doit,
dans son intérêt , faire le sacrifice de s'attacher un rédacteur sur lequel il puisse

conserver un certain ascendant moral, auquel il puisse dicter ses intentions. Si un imprimeur a la faiblesse de trop se laisser influencer par son rédacteur; si au lieu de donner la direction, c'est lui qui la reçoit, il est perdu; il n'est plus maître de son journal : on le rend responsable d'opinions qui ne sont pas les siennes; on le mène dans une voie où il ne voudrait pas aller. Ses intérêts en souffrent; lui-même se déconsidère aux yeux de ses amis politiques; enfin, il est dans une position qui n'est pas tenable. Moi, qui écris ces lignes, j'ai passé par là : je parle donc en connaissance de cause.

Arrivons aux Livres d'église : ce ne sera pas la partie la moins intéressante de cette revue. J'entends, sous le mot générique de *Livres d'église*, les Mandements, les Catéchismes, les Instructions diocésaines des évêques, les Heures, les Missels , les Bréviaires , les Prières , les Eucologes , les Paroissiens ; en un mot, tous les livres qui émanent des évêques , ou qui , d'après la loi , sont , avant leur impression et leur réimpression , soumis à l'approbation des prélats.

Un évêque est bien libre de choisir son imprimeur comme un préfet et un rece-veur général choisissent le leur. Qu'il fasse imprimer ses Mandements , ses Instructions pastorales , tout ce qu'il paie de ses propres deniers , là où bon lui semble , rien de mieux ; c'est son droit , c'est souvent même son intérêt de s'adresser chez un imprimeur plutôt que chez un autre. Mais que des *Livres d'église* , qui sont en usage dans un diocèse depuis un temps immémorial , et qui sont payés par le public, soient imprimés *uniquement* chez l'imprimeur de l'évêché , c'est encore une injustice dans le genre de celle

que la loi du 2 juin 1841 créait, et c'est
une injustice qui ne profite pas même à
l'imprimeur de l'évêché qui a le monopole; c'est l'évêque, ce sont les séminaires
qui en ont les bénéfices. Le décret du 7
germinal, an XIII, qui semble avoir été
inspiré par l'arrêt du 29 thermidor, an
XII, dit que les Livres d'église, les
Heures et Prières ne pourront être imprimés ou réimprimés que d'après la permission donnée par les évêques diocé-
sains; laquelle permission sera textuelle-
ment rapportée et imprimée en tête de
chaque exemplaire.

Pourquoi, moi qui suis imprimeur,
n'ai-je pas le droit d'imprimer, tout aussi
bien que mon confrère, le Catéchisme et
le Paroissien à l'usage de mon diocèse?
Parce que la permission d'imprimer le
Catéchisme et le Paroissien n'a été donnée
qu'à l'imprimeur de l'évêché, et qu'elle

m'a été refusée comme elle l'a été proba-
blement à mes confrères du département.
Je sais bien pourquoi cette permission
m'a été refusée : tous les imprimeurs de
France le devineront facilement ; je me
permettrai seulement de dire que si un
Livre d'église, *une fois qu'il a été ap-
prouvé par un évêque*, pouvait être réimprimé, *sous la surveillance de l'évêché*, et
même, si l'on veut, avec un droit de ré-
vision au bénéfice de l'évêché, d'une manière identique au texte original, par tel
ou tel imprimeur, ce livre serait vendu à
un prix moins élevé qu'il ne l'est ordinairement, et les doctrines religieuses ne
seraient pas pour cela en péril le moins
du monde. Que pourraient-elles perdre,
d'ailleurs, à être livrées aux fidèles dio-
césains plus communément, plus abon-
damment, avec une moindre dépense
pour ceux-ci ?

En accordant le monopole à un seul, les évêques nuisent considérablement aux autres imprimeurs; ils nuisent à la diffusion des livres qui sont vendus par le monopoleur à un prix trop élevé; ils ont des éditions détestables parce qu'ils font des conditions très-dures à leur imprimeur affranchi de la crainte que l'on ne compare ses publications à celles d'un confrère ; mais ils pourvoient ainsi aux besoins de leurs séminaires, disent-ils, et en accordant une faveur à un imprimeur, ils ont l'assurance d'obtenir de lui certaines concessions sur les imprimés qu'ils font faire pour leur propre compte.

Je sais bien à quoi je m'expose en portant à la connaissance du public ce qui n'est connu que des évêques et des imprimeurs; mais je veux, en disant la vérité, éveiller l'attention des législateurs bienveillants sur une question qui a donné tant de fois matière à procès, et qui est l'une des causes principales de la ruine des imprimeurs. Que les évêques aient le droit de faire lire et corriger les épreuves des livres approuvés par eux, moyennant une rétribution de *tant* par édition, rien de plus juste; mais, que pour grossir un peu plus le revenu de leurs communautés, ils privent de la fabrication des livres religieux du diocèse tous les imprimeurs à l'exception d'un seul; qu'en leur enlevant ainsi une ressource légitime, ils accordent à celui-là un privilége abusif moyennant qu'il sera sous leur dépendance, c'est là ce qu'il serait bon de réprimer. Certes, on ne m'accusera pas d'opposition systématique à l'égard du clergé. Personne plus que moi ne défend et ne respecte sa cause sacrée; mais, je soutiens ici l'imprimerie attaquée sans raison et en tous points, l'imprimerie qui est déconsidérée de plus en plus, quand elle devrait être la première et la plus estimée de toutes les professions. J'aime et je vénère le prêtre dans le temple : s'il se fait marchand, boutiquier, comme cela arrive souvent; si un chanoine vend des livres; si une maison d'éducation tenue par des prêtres fait concurrence à la librairie d'une ville, et littéralement parlant, la ruine, je ne me gêne pas, pour le trouver mauvais, pour le dire, étant trop convaincu que les prêtres qui se font marchands, désillusionnent bien des gens sur leur compte, et avilissent leur ministère!...

La législation qui règle les droits des évêques sur les livres d'église est fort obscure : elle a donné lieu à des interprétations diverses; de là des procès sans nombre portés devant tous les degrés de juridiction. MM. Bories et Bonassies, dans un ouvrage spécial sur la presse, résument ainsi l'état actuel de la jurisprudence :

« Le décret du 7 germinal an XIII est » en vigueur. Il ne confère pas aux » évêques un droit de propriété. Par » conséquent, ceux-ci, ou les impri- » meurs et libraires leurs concession- » naires, sont sans qualité pour pour- » suivre directement devant les tribu- » naux les imprimeurs ou libraires qui » ont imprimé ou réimprimé sans auto- » risation les livres d'église. La pour- » suite pour impression sans autorisation » ne pourra être intentée que par le » ministère public, d'office ou sur la » plainte de l'évêque ; ce délit ne sera » pas un véritable délit de contrefaçon » puisque les livres d'église sont dans le » domaine public, mais un délit d'im- » pression sans autorisation, qui sera » puni d'une amende de 1,000 francs à

» 2,000 francs. (Article 427 du Code
» pénal.)

» Si nous saisissons bien le véritable
» esprit de cette jurisprudence, les évê-
» ques ni leurs ayant-droit ne pourront
» se rendre *parties civiles*, lorsqu'il sera
» question d'ouvrages dont ils ne sont
» pas les auteurs. Ils ne pourront récla-
» mer des dommages-intérêts; car ils ne
» sont point propriétaires; ils ne sont
» point atteints dans leur fortune; leurs
» droits n'ont pas été lésés. »

Singulière position faite aux imprimeurs. Vous pouvez sans crainte, leur
dit-on, imprimer les livres d'église,
vous ne lésez aucun intérêt particulier,
vous n'avez rien à redouter de MM. les
évêques; mais prenez-y garde, vous at-
teignez un intérêt d'un ordre plus élevé
sans commettre un délit; vous ne paierez

aucune indemnité à l'autorité ecclésias-
tique dont les droits n'ont point eu à
souffrir, mais vous serez condamnés, s'il
plaît au ministère public de vous pour-
suivre, à une amende qui flottera entre
1,000 et 2,000 francs pour chaque con-
travention; vous aurez la consolation de
savoir que la somme par vous déboursée
n'entrera pas dans la caisse de M. l'évêque, mais ira s'engouffrer dans les coffres
de l'Etat. Cela dit, passons aux livres
classiques.

Les livres classiques ne sont pas plus
du domaine public que les livres d'église.
S'il y en a quelques-uns de fort anciens
qu'on peut réimprimer sans crainte d'être
poursuivi comme contrefacteur, il faut,
pour pouvoir les établir aux prix excessi-
vement bas auxquels ils sont tombés, en
avoir les clichés, et les tirer sur la presse
mécanique à un nombre considérable.

Les livres classiques modernes qui sont le plus en vogue sont ceux appelés *livres de l'Université*, *livres des Frères*. Le monopole en appartient à trois ou quatre maisons au plus : aux Hachette, aux Delalain, aux Langlois et Leclerc, et aux Mame. Ces livres sont très-souvent *revus et corrigés* ; ils ont besoin d'être imprimés à Paris, sous les yeux de leurs auteurs qui tiennent essentiellement à lire les épreuves. Il en est de même des grands ouvrages scientifiques, de jurisprudence, etc. ; rarement on en confie l'impression à un imprimeur de province.

L'imprimeur de Paris, qui a la clientèle des grandes maisons de librairie, est sûr, en général, d'être très-bien payé, mais il est peu payé. Les éditeurs connaissent l'imprimerie maintenant dans la perfection, et ils sont très-exigeants. Ils fournissent leur papier qu'ils vont prendre dans les dépôts; il leur faut des caractères neufs et de l'encre anglaise, et ils font eux-mêmes le compte de la composition, des corrections, de la mise en page, de l'imposition, du tirage, des étoffes et des bénéfices; avec eux, quand on traite, on change son argent, et c'est à-peu-près tout.

Lorsque les grands éditeurs de Paris ont des éditions *ordinaires* à réimprimer, ils en confient quelquefois le soin à des imprimeurs de province, par lesquels ils sont tous les jours assaillis, tourmentés ; mais alors c'est à des conditions tellement désavantageuses, qu'il faut vraiment n'avoir rien à faire pour solliciter de pareils travaux. Quelques libraires de Paris traitent encore en *échange* avec des imprimeurs-libraires de province, c'est-à-dire qu'ils font imprimer leurs livres à peu près pour rien, et au lieu de donner de l'argent en paiement, il donnent un assortiment de leurs éditions, sur lequel ils ont soin de bénéficier le plus possible. On ne s'imagine pas combien l'imprimerie de province est malheureuse aujourd'hui, et à quelles tristes extrémités elle en est réduite pour subvenir à ses premiers besoins. Triste condition que celle de l'imprimeur, s'il ne possède pas autre chose que son établissement !...

Quelques livres classiques, nous l'avons dit, sont du domaine public; mais les imprimeurs-libraires de province ont plus d'avantage à les prendre chez les Mame, chez les Martial Ardant et autres, que de les confectionner chez eux. M. Mame, de Tours, qui a le plus bel établissement d'imprimerie en France, et qui a rendu certainement quelques services à son art, a fait un tort considérable à tous ses confrères de province. J'i-

gnore si cela lui a profité, et si sa fortune
s'en est beaucoup accrue. Autrefois, un
imprimeur-libraire de province pouvait
exploiter son département et vendre ses
produits, sans avoir à redouter de trop
grandes concurrences. Maintenant, quelques maisons de librairie, et surtout celle
de M. Mame, exploitent la France entière
et même les pays étrangers ; et, comme
ils ont des établissements montés sur une
très-grande échelle, ils peuvent *brader* à
leur aise, et se procurer ainsi le monopole de la vente en gros des livres.

Les malheureux imprimeurs de province n'ont plus même la ressource d'imprimer pour les colporteurs, depuis que
quelques éditeurs de musique de Paris,
et certain marchand de complaintes,
nommé Vieillot, je crois, se sont avisés de
leur intenter des procès à tout bout de
champ. Voici dans quelles circonstances

se produisaient ordinairement ces procès : un colporteur se présentait chez vous, *avec son manuscrit ;* il convenait de prix avec vous, vous remettait des arrhes, et prenait son papier, en le payant, aussitôt qu'il était imprimé. Un mois, deux mois après, un éditeur de musique se rendait à son tour auprès de vous, et vous disait d'un ton très-poli :

« Monsieur, vous avez contrefait mes romances, je viens vous proposer un arrangement. »

Au premier abord, vous ne saviez pas ce que cela signifiait, mais votre visiteur vous montrait un exemplaire des chansons que vous aviez imprimées un mois ou deux mois auparavant, et si vous ne consentiez pas à lui donner 250 ou 300 fr., pour tout arrangement, vous plaidiez, non pas devant la juridiction natu-

relle de votre tribunal de première instance, qui aurait pu tenir compte de votre bonne foi, notoirement établie, mais
à Paris, où l'on ne connaît personne, et
où l'on perd souvent son procès quand
on arrive de la province.

Mon père, dans sa longue carrière
d'imprimeur, a eu un procès de ce
genre : il n'avait pas voulu *s'arranger*
avec l'éditeur, et il lui en a coûté plus de
1,000 fr. pour avoir imprimé, *sur ma-*
*nuscrit*, une rame de papier de 25 fr. (1)

(1) Le tribunal de première instance, séant au pa-
lais-de-justice, à Paris, a rendu en l'audience publique
du 4 août 1848, septième chambre (correctionnelle),
un jugement au profit du sieur Vieillot, contre :
1º MM. Berdalle, imprimeur à Rouen ; 2º Noblet,
imprimeur à Cherbourg ; 3º Delvoye, imprimeur à
Dieppe ; 4º Gatineau, imprimeur à Orléans ; 5º Cousot,
imprimeur à Orléans ; 6º Lemale, imprimeur au Havre ;
7º Desjardins, imprimeur à Beauvais ; 8º veuve Le-
sueur, imprimeur à Vernon ; 9º Robilly, chanteur à
Paris ; 10º Durand, libraire à Paris.
Les frais d'amende et les dommages-intérêts n'ont

Les colporteurs, les comédiens noma-
des, les commis-voyageurs qui ont besoin de circulaires et de prospectus, s'a-

peut-être pas été aussi considérables que le sieur Vieillot
l'aurait désiré ; mais enfin, les personnes ci-dessus dé-
signées ont toutes été condamnées, le tribunal ayant
repoussé l'exception de bonne foi opposée par elles.

Au nombre des victimes du sieur Vieillot, je citerai
deux hommes honorables qu'il m'est donné de connaître
assez particulièrement, et dont personne au monde n'o-
serait mettre en doute la bonne foi : ce sont MM. Desjardins, de Beauvais, et Lemale, du Havre.

Certes, voici deux imprimeurs des plus riches et des
plus distingués de France, qui sont trop occupés pour
rechercher des travaux pour le colportage, et qui n'impriment des chansons que très-accidentellement, sans
en tirer le moindre profit. On conçoit qu'un petit imprimeur de sous-préfecture ou de chef-lieu de canton
qui a peu de besogne, et qui compose lui-même avec
quelques apprentis, puisse entreprendre des travaux
pour le colportage et y avoir un certain bénéfice ; mais
il est impossible de supposer qu'un imprimeur, occupé
comme le sont MM. Desjardins et Lemale, et payant
les ouvriers aussi cher que ces Messieurs paient les
leurs, aille faire une habitude d'imprimer du papier de
colporteur à 25 fr. la rame, et soit persuadé à l'avance,
qu'en imprimant, il fait une contrefaçon.

J'ignore si les imprimeurs sus-nommés ont imprimé
*sur manuscrit*, ou autrement ; en tout cas, je soutiens
qu'il n'y a plus moyen d'imprimer pour les colporteurs ;
qu'il faut laisser le monopole de leur clientelle au

dressent rarement aux imprimeurs de province : ils préfèrent traiter avec certains imprimeurs marrons de Paris qui sont peu scrupuleux, et qui ne craignent

sieur Vieillot; qu'en imprimant la moindre chanson on s'expose à des procès et à des désagréments continuels. Qu'un colporteur aille chez vous avec un recueil de chansons, irez-vous supposer après avoir lu ces chansons qui n'ont ordinairement ni rimes ni bon sens, qu'elles constituent une propriété littéraire et qu'elles appartiennent exclusivement au sieur Vieillot?

Je ne connais pas cet industriel, et je tiens peu à le connaître ; je ne l'accuserai donc pas de nous faire des procès pour se créer un petit revenu ; néanmoins, je suis persuadé que quiconque voudra rédiger ou faire rédiger quatre ou cinq mauvaises chansons, les faire imprimer en se conformant à la loi, et envoyer des compères dans les provinces pour les faire réimprimer, pourra s'assurer un assez joli revenu. Celui-là sera toujours sûr de gagner son procès : que voulez-vous? une complainte est devenue une propriété littéraire!...

Il est donc maintenant impossible aux imprimeurs d'imprimer pour les colporteurs. Que ces derniers soient sans papier la veille d'un marché; qu'ils meurent de faim, il faut que nous leur refusions nos presses, et s'ils sont à cent lieues de Paris, les engager à s'adresser au sieur Vieillot, seul éditeur et propriétaire de toutes ces gracieuses *romances* qui forment l'esprit et le cœur.

pas de voler le fisc en préservant leurs clients de l'impôt du timbre. Si un imprimeur de province s'avisait de livrer un prospectus, une carte d'adresse sans timbre, il serait bien vite atteint d'une forte amende. A Paris, la surveillance s'exerce plus difficilement, et les imprimeurs marrons, les petits lithographes ne se gênent pas pour se passer du timbre; par ce moyen, ils sont à même d'avoir plus à imprimer que d'autres.

J'ai dit plus haut que la lithographie faisait un tort immense à l'imprimerie : je vais essayer de le prouver. Avant l'invention de la lithographie, toutes les circulaires, cartes d'adresses, factures, lettres de voitures, prospectus, billets de faire part, billets à ordre, têtes de lettres, registres, etc., étaient imprimés. Pour imprimer seulement ces ouvrages de ville, il fallait avoir un matériel d'au

3.

moins dix mille francs. Lorsque cette in=
vention eut lieu et qu'elle commençait à
se propager, un lithographe pouvait s'é=
tablir, il y a vingt ans, avec mille francs :
entre sa mise de fonds et celle d'une im=
primerie, la proportion était donc encore
de 1 à 10. Il ne lui faut pas aujourd'hui
plus de cinq cents francs. Avec un maté=
riel composé d'une presse et de quelques
pierres, on fait une concurrence désas-
treuse à un imprimeur qui a un matériel de
dix, de vingt, de cinquante mille francs.
Dans un chef-lieu de canton où il y a une
imprimerie et une lithographie, l'imprimeur ne peut jamais lutter avec le lithographe; il est écrasé par ce dernier, et
s'il veut employer ses caractères, il faut
qu'il crée un journal. Un imprimeur ne
peut offrir des avantages que sur le tirage :
il est rare que dans une petite ville on
fasse tirer *les bilboquets* à grand nombre.

Les lithographes font les affiches à des prix très-minimes. Les tableaux, les registres, les factures, enfin tous les travaux dans lesquels il entre des filets, ils peuvent les établir à meilleur marché que les imprimeurs : l'imprimeur est donc obligé de se rejeter sur les livres et sur les journaux.

Le gouvernement de Juillet donnait des brevets de lithographes en plus grande quantité qu'il ne donnait des brevets d'imprimeurs : le gouvernement provisoire de la République a suivi la même proportion, mais ce dernier avait encore plus besoin que l'autre d'avoir à sa discrétion des presses et des partisans.

Je ne parlerai pas davantage des misères de l'imprimeur de province : je pourrais facilement entrer dans de plus grands détails; mais, j'espère que le simple aperçu que j'ai donné suffira pour éveiller l'attention et la sollicitude du gouvernement et de la représentation nationale sur la situation de l'imprimerie.

Il est facile de remédier à cette situation, en n'accordant pas de nouveaux brevets d'imprimeur. S'il était possible qu'on en retirât un certain nombre, en indemnisant les titulaires, ce serait un véritable bienfait.

Le gouvernement devrait aussi n'accorder de brevet d'imprimeur qu'aux jeunes gens capables d'exercer cette profession. Si un imprimeur était au moins bachelier ès-lettres; s'il savait lire et corriger une épreuve; s'il était susceptible, au besoin *de composer* et même *de tirer;* s'il savait se rendre compte de son prix de revient (chose très-difficile en impri-

merie), il n'y aurait que de bons imprimeurs, et pas autant de mauvais livres
et de mauvais journaux. Au lieu d'un
certificat de capacité signé par un, deux,
trois ou quatre imprimeurs, certificat
qui s'obtient toujours par camaraderie,
ou par importunité quand on le veut for-
tement, pourquoi ne ferait-on pas subir
un examen aux aspirants-imprimeurs?

Avant tout, je voudrais un diplôme de
bachelier ès - lettres qui garantirait à
peu près quelques connaissances de la
part de l'aspirant; je voudrais ensuite
qu'il passât un examen devant une com-
mission spéciale. Il devrait connaître
l'application des lois qui régissent la
presse, être en mesure de corriger une
épreuve, savoir même exécuter la plupart des travaux typographiques.

Les brevets de lithographes ne de-

vraient être délivrés qu'aux imprimeurs
seulement. On ne verrait pas alors un
mauvais ouvrier, écrivain ou pressier,
chassé le plus souvent de chez son pa-
tron, aller s'établir à la porte de celui-ci,
et avec un matériel de 500 francs lui
faire une concurrence odieuse et déloyale.
La concurrence serait peut-être moins
grande alors parmi les imprimeurs, et
ils ne se ruineraient pas à l'envi l'un de
l'autre. On a délivré des brevets de lithographes à des misérables, sachant à peine
lire et écrire, et qui n'avaient pu rester
chez aucun maître. Ces gens-là vont de
porte en porte mendier un mille de factures ou de cartes d'adresses ; on leur
donne quelquefois la préférence sur de
bonnes maisons, parce qu'ils offrent à
très-bas prix, et qu'on est bien aise de
se débarrasser d'eux.

Quand le gouvernement se sera mis

en devoir de ne plus délivrer de brevets d'imprimeur, et de ne donner les brevets de lithographes qu'à des imprimeurs; quand il aura exigé, *non plus un certificat de capacité*, mais un examen sérieux de la part des aspirants, il aura rendu certainement un très-grand service à l'imprimerie, mais il n'aura pas encore tout fait pour elle, ni pour lui.

Pour sauver l'imprimerie, pour lui rendre son ancienne importance, et pour l'empêcher de se mettre au service des ennemis de l'ordre, il faut ramener à ses conditions premières l'établissement de l'imprimerie nationale, et donner aux imprimeurs de Paris la besogne journalière qu'on y fait tous les jours. Il faut empêcher les imprimeurs de Paris d'exploiter la province comme ils le font, et réciproquement; ordonner que les chefs d'administration fassent tout imprimer

dans leurs localités ; en ne donnant au-
cunement lieu à des représailles, ils ne
seront pas tant assaillis par des journaux
sans valeur qui prêchent souvent la dé-
sorganisation et qui font plus de mal
qu'on ne se l'imagine.

Une fois que le gouvernement aura
rendu à l'imprimerie sa grandeur et sa
prospérité, une fois qu'il lui aura beaucoup donné , il sera en droit d'exiger
beaucoup d'elle. C'est alors qu'il pourra
présenter une loi sévère sur la presse :
ceux qui feront ces journaux ne les feront
plus pour occuper leur matériel et leurs
ouvriers ; ils auront des travaux moins
désagréables, des bénéfices suffisants,
quoique modérés, enfin une existence
normale ; ils laisseront alors un peu de
repos à la société et au gouvernement.

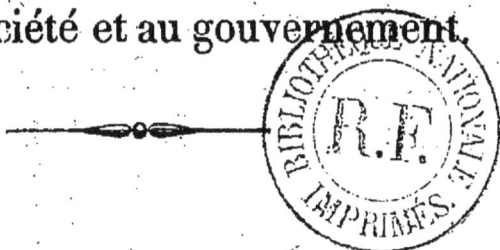